souvenirs
de Ghardaïa (1961)

ALGERIE FRANÇAISE !

mérezette

dumenil

DÉDIÉ À MES CHERS PARENTS
ET AUX HEUREUX JOURS
DE MON ENFANCE, LÀ-BAS...

DENIS
Terminé le 16 DÉCEMBRE 1982

ALGERIE FRANCAISE

Editions Michel Deligne S.A.
35, rue de la Charité
1040 Bruxelles
© 1985 by Editions Michel Deligne S.A. and Mérezette & Dumenil
Tous droits de reproduction, de traduction
et d'adaptation réservés pour tous pays.
D/1985/2408/173
ISBN 2-87135-004-3
Imprimé en Belgique par Pencoprint.

KERBRONEC AIMAIT BIEN ALGER " C'ÉTAIT UN SENTIMENTAL " S'IL EN AVAIT EU LE COURAGE SANS DOUTE AURAIT-IL DÉJA RACONTÉ CE PARFUM DE VANILLE QUI FLOTTAIT, PERNICIEUX, DANS LES RUES CHAUDES ""

SANS DOUTE AURAIT-IL DÉJA DESSINÉ CES VIEUX À L'OMBRE DES ARBRES EN FLEURS " CES HOMMES À L'OMBRE DES TERRASSES ET CES JEUNES CAÏLLES DE BAB-EL-OUED À L'OMBRE DES MILITAIRES QUI TOURNAIENT AUTOUR ""

CES BEAUX COW-BOYS CRADINGUES COMME POUR RAPPELER QU'EN CE PRINTEMPS 57 C'ÉTAIT LA GUERRE DANS LA CITÉ ""

SALUT LE BARMAN!!

JEAN!!! MAIS ÇA FAIT UN BAIL...

OUAIS... JE SUIS DE PASSAGE À ALGER... ALORS JE SUIS VENU TE DIRE UN PETIT BONJOUR...

J'TE SERS UNE ANISETTE??

MHM... LA MÈRE RIGAUD T'A LÉGUÉ LE ZINC AUJOURD'HUI... JE LA VOIS PAS...

ON NE LA VERRA PLUS LA MÈRE RIGAUD... ON L'A ENTERRÉE Y'A UNE SEMAINE!..

MEERRDE!..

PFF!... UNE CONNERIE!... ELLE A REÇU UNE BALLE PERDUE... UN COUP DE CES SALAUDS DU FLN... POUR SE VENGER QUE LES AUTORITÉS AIENT RATISSÉ LA CASBAH... À CÔTÉ... ILS ONT FAIT DU TIR AUX PIGEONS!..

C'EST ARRIVÉ COMMENT?..

ELLE EST MORTE SUR LE COUP...

ÉCHOUER ICI ET CREVER COMME UN RAT... ELLE A MÊME RATÉ SA CIRRHOSE...

TRISTE?

NON... PAS ENCORE...

C'EST À TOI LA BAGNOLE DEHORS...?

4

LA 203 ?.. OUI... POURQUOI ?..

ELLE EST IMMATRICULÉE EN MÉTROPOLE... T'ES FRANÇAIS ?

ÇA SE PEUT...

TU ENTENDS ÇA LA GRACIEUSE... C'EST UN FRANÇAIS COMME MOI !

MAIS OUI C'EST LUI... BENOÎT, TU ME DONNES QUELQUE CHOSE À MANGER... J'AI LA DALLE...

ÇA FAIT PLAISIR DE VOIR QUELQU'UN DE CHEZ NOUS PAR ICI...

ÉPICER[I]

NADINE... NE RESTE PAS DANS TON COIN...

ON VA FAIRE TOUTES LES PLACES DU TROQUET COMME ÇA ?!!

TU T'APPELLES COMMENT ?!!

KERBRONEC

KERBRONEC ?.. T'ES BRETON... MOI JE SUIS DES PYRÉNÉES... J'HABITE MAREYGNE... ENFIN... UNE PARTIE DE L'ANNÉE PARCE QUE LE RESTE DU TEMPS JE SUIS DANS LES PÂTURAGES...

TU ME LAISSES ?...

OUI... JE DOIS M'EN ALLER...

C'EST ÉTRANGE COMME L'IGNORANCE DONNE DES CERTITUDES... À CROIRE QUE CE SERAIT L'APANAGE DU CON DE PRENDRE L'AUTRE POUR UN IMBÉCILE...

WAOH ! C'EST LA PHILOSOPHIE AU BURIN ÇA.

ÇA DOIT ÊTRE AGRÉABLE LÀ-HAUT...

OUAIS... DÉJÀ TOUT MÔME... JE VOULAIS FAIRE COMME MON GRAND-PÈRE... IL ÉTAIT BERGER AUSSI... MAIS LUI JE L'AI PAS CONNU... IL EST MORT PENDANT 14-18 !!

IL A ÉTÉ TUÉ AU FRONT ??

NON... IL S'EST MUTINÉ... C'ÉTAIT PAS INTELLIGENT DE SA PART...

5

BON,, HEU,, DÈS QUE JE REMONTE À ALGER JE PASSE TE VOIR BENOÎT... SALUT !

SALUT JEAN ET BONNE ROUTE ,,,

POURQUOI CE SOURIRE ?

SAIS PAS... T'ES TOUJOURS COMME ÇA AVEC LUI ?!,,

TU SAIS ,, TOUT CE QUE J'AI PU DIRE SUR LA VIEILLE C'ÉTAIT UN JEU ENTRE NOUS ... ON NE L'APPRÉCIAIT PAS BEAUCOUP ICI ,,, ELLE ÉTAIT BIZARRE ,, ENFIN C'ÉTAIT CE QU'ELLE VOULAIT MONTRER ,, TU L'AS CONNUE ! PARAÎT MÊME QU'ELLE FRÉQUENTAIT LES FLICS ,,, L'INDIC QUOI ! ,,

C'ÉTAIENT DES RAGOTS TOUT ÇA !!!

DES FOIS ,, IL EST TRÈS SUSCEPTIBLE ET J'AIME BIEN LE FAIRE ENRAGER !,,,

T'ES DURE AVEC LUI !,,

PEUT-ÊTRE OU PEUT-ÊTRE QUE NON ... LES GARS DU FLN NE SE SONT PAS POSÉ LA QUESTION ... ALORS TITI ,, TU TE PROMÈNES ,,,,

BENOÎT ET MOI ON SE DOUTAIT BIEN QU'UN JOUR IL ARRIVERAIT QUELQUE CHO-SE À LA MÈRE ,,,

ET, VOUS N'AVEZ RIEN FAIT !,,,

RIEN ,,, QU'EST-CE QU'ON POUVAIT FAIRE ,? C'ÉTAIT PAS NOS OIGNONS ,, C'EST ELLE QUI S'ÉTAIT MISE DANS LE TINTOUIN APRÈS TOUT !,,,

ET PUIS SA MORT A SIMPLIFIÉ BEAUCOUP DE CHOSES ,,, ENTRE ELLE ET BENOÎT ÇA N'ALLAIT PAS TRÈS BIEN ,,, ELLE VOULAIT S'EN ALLER D'ICI MAIS NE VOULAIT PAS LUI CÉDER LE FOND ,,, JE CROIS, UNE PRISE DE BEC SALÉE ,,,,

VOILÀ ,,, TU ES ARRIVÉ ,,,

C'EST PEUT-ÊTRE CON COMME RAISONNEMENT MAIS ÇA M'ÉTON-NERAIT QUE BENOÎT SOIT AUSSI TRISTE QU'IL VEUT BIEN LE MONTRER ,,,,

ENCORE UN JEU ?,,,

IL A PEUR QUE JE NE COMPRENNE PAS ,,,,

NON ,,, MAIS TU ES FRANÇAIS ,,, UN BON COPAIN MAIS FRAN-ÇAIS ET PUIS C'EST TOUT ,,,

BOURE... ÉTAIT UN TERRORI...

FRANÇAIS !!...
FRANÇAIS !!!
MAIS QU'EST-CE
QUE ÇA VEUT DIRE
"TU ES
FRANÇAIS"

CE
QUE JE VEUX DIRE
C'EST QUE MAINTENANT
IL N'Y A PAS QUE LA MEDI-
TERRANNÉE QUI NOUS SÉPARE

BEUH...

TU VIENS SOUVENT
EN ALGÉRIE ?

TOUS LES
ANS

EN
VOITURE ?

EN VOITURE...
JE DESCEND DANS
LE SUD...

JUSTEMENT EN
PARLANT DE VOITURE...
IL FAUT QUE JE RETOURNE
À LA MIENNE... IL VA ÊTRE
TEMPS QUE JE M'Y
METTE SI JE VEUX
TROUVER UNE CHAMBRE
POUR LA NUIT...

T'EN
TROUVERAS PAS

LES MILITAIRES
OCCUPENT TOUTES LES CHAMBRES
DEPUIS LA GRANDE RAFLE... LES
HÔTELS SONT PLEINS...

IL EST DIFFICILE D'OCCUPER
DÉCEMMENT LES GRANDES
PLACES SANS LES REMPLIR "COM-
ME DISAIT CE CHER MARMONTUEL"
UN GRAND ESPRIT...

ET
ÉCRIVAIN DE
SURCROÎT CE QUI
N'ARRANGE RIEN
À SES AFFAIRES
...

TU CONNAÎS ?

FRIME PAS !... ICI AUSSI
ON CONSULTE LES
DICTIONNAIRES...

PUISQU'IL N'Y A
PLUS DE CHAMBRES...
TU PEUX VENIR
CHEZ MOI...

...O BEN
VOYONS !...

NADINE HABITAIT
LA CASBAH ET
MÊME SI À
CETTE HEURE
LE SOLEIL BRIL-
LAIT ENCORE
HAUT DANS LE
CIEL... IL FAISAIT
BIEN SOMBRE
DANS LA
CITADELLE...

6

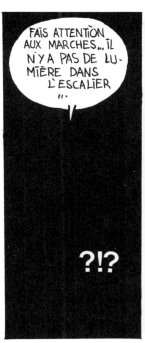

COMME UN PETIT COQUELICOT MON ÂME... COMME...♪

VOILA!

COMMENT ME TROUVES-TU ??

HÉÉ... RAVISSANTE!

CHUT...

UNE FEMME RAVISSANTE EST SANS CESSE COURTISÉE

DE QUI EST-CE ?...

TU AVAIS CHAUD TOUT-À-L'HEURE... JE TE SERS À BOIRE...

HEU... OUI...

QUELLE TÊTE DE LINOTTE JE FAIS... J'AI OUBLIÉ D'ACHETER DE L'ANISETTE CE MATIN...

C'EST PAS GRAVE TU SAIS NADINE...

ATTENDS JE VAIS DE-MANDER À LA VOISINE

C'EST PAS LA PEINE ÉCOUTE !!!

NAD...

HÉ FAROUCHE LA PITCHOUN...

8B

10

BON... JE VAIS TOUJOURS PRÉPARER LES VER- -RES ET LA FLOTTE FAIT VRAIMENT TRÈS CHAUD ICI !!.
?

camus
L'étranger

OÙ-EST CE QU'ELLE RANGE SES VERRES LA COPINE ?!

!?!

BAH... JE CROYAIS QU'ELLE N'AVAIT PLUS DE SA LIQUEUR... ELLE A DÛ SE GOURRER

NADINE... J'EN AI RETROU- VÉE UNE... ELLE ÉTAIT D...
!?!
...

WAHH... J'AI COMPRIS OK !!.

ET QU'EST-CE QUE TU AS COMPRIS MON POULET..!

AHMED NON !!

EH, OH !! IL EST LOUFDINGUE TON COPAIN... ÇA TOURNE PAS ROND LÀ-DEDANS OU QUOI ?!..

ALLEZ ÇA VA AHMED !!.. RANGE TON ARME... TU M'AS PROMIS DE NE PAS T'EN SERVIR !!

HEIN ?!..

ET TOI JEAN... NE T'AVISE PAS À FAIRE DES CONNERIES... IL EST UN PEU NERVEUX EN CE MOMENT...

JE SAIS J'AI EU LE TEMPS DE FAIRE CONNAISSANCE

TU PARLES DE PRÉSENTATIONS... QU'EST-CE QU'IL CROYAIT... QUE J'ALLAIS LUI PLANTER LA BOUTEILLE D'ANISETTE SUR LA TÊTE... ET PUIS MOI JE VOUDRAIS BIEN COMPRENDRE...

TU T'EN VAS CHERCHER UNE BOUTEILLE ET TU REVIENS AVEC UNE POTICHE... Y'A QUAND MÊME DE GRANDS MYSTÈRES... Y'A PAS À DIRE !

C'EST CONFUS... IL FAUDRAIT TOUT T'EXPLIQUER...

SÛR !... ET D'ABORD, JE VOUDRAIS BIEN QUE TU ME DISES POURQUOI TU M'AS AMENÉ DANS CETTE CHAMBRE !..

ET QU'EST-CE QUE TU CROYAIS BRAVACHE...

JE CROYAIS... JE CROYAIS... J'SAIS PAS MOI !... QUAND UNE FILLE T'INVITE CHEZ ELLE ON PEUT CROIRE BEAUCOUP DE CHOSES !!!

HA HA HA HA !!

ÇA VA MIEUX TOI BRAVACHE !..

SCHLAAA !

SI TU M'AP-PELLES ENCORE "BRAVACHE" PETIT CON C'EST...

MERDE...

HEEURK !!

LES HÉROS SONT BIEN TRISTES AUJOURD'HUI ,,, C'EST POURTANT MAINTE-NANT QU'ON EN AURAIT BESOIN ,,,

JEAN ,,, LA SER-VIETTE EST TOUJOURS À CÔTÉ DE TOI ,,,

ENCORE LES SARDINES ?!

EN EFFET ,,, BON FAUDRAIT PEN-SER À SE COUCHER DEMAIN ON SE LÈVE DE BONNE HEURE ,,,

ÇA SUFFIT ! BON JEAN JE T'EXPLIQUE EN VITESSE POURQUOI ON A BESOIN DE TOI ,,, FAUT AIDER AHMED À QUITTER ALGER, IL Y EST TROP EN DAN-GER ,,, VOILÀ ,,,

JE SUPPOSE QUE JE N'AI GUÈRE LE CHOIX ?!..

AHMED PASSE DANS LA CHAMBRE ,,, IL Y A UN LAVABO ,,, TA PAU-PIÈRE PISSE LE SANG ,,,

QUANT À TOI JEAN ,,, DÉSHABILLE-TOI ,,,

HEIN !?

15

OUAIS DÉSHABILLE-
TOI...., COMME TU POURRAIS TE
FAIRE LA MALLE CETTE NUIT ET QUE
JE N'AI PAS ENVIE DE TE SURVEILLER
DÉSHABILLE -TOI ...!

TU
N'AURAIS
JAMAIS L'IDÉE DE
SORTIR DEHORS À POIL JE
PENSE...!

ET JE
ME DÉSHABIL-
LE .... DEVANT
TOI ...

IL Y
A UN PARAVENT
DERRIÈRE .... PRESSE-
TOI JE SUIS CRE-
-VÉE MOI ..!!

MÊME
LE SLIP
?!!!

MÊME
LE SLIP ...

BONNE NUIT
JEAN ...

CLIC

MAIS QU'EST-
CE QUE JE TRA-
FIQUE ICI MOI

TIENS ...
JE L'AVAIS OUBLIÉ
CELUI LÀ ....

AUJOURD'HUI MAMAN
EST MORTE OU PEUT-ÊTRE HIER ...
JE NE SAIS PAS ...
J'AI REÇU UN TÉLÉGRAMME DE L'ASILE ..
" MÈRE DÉCÉDÉE.. ENTERREMENT DEMAIN..
SENTIMENTS DISTINGUÉS". CELA NE VEUT RIEN
DIRE .. C'ÉTAIT PEUT ÊTRE HIER ...

16

"POUR QUE TOUT SOIT CONSOMMÉ... POUR QUE JE ME SENTE MOINS SEUL... IL ME RESTAIT À SOUHAITER QU'IL Y AIT BEAUCOUP DE SPECTATEURS LE JOUR DE MON EXÉCUTION ET QU'ILS M'ACCUEIL-LENT AVEC DES CRIS DE HAINE..."

KERBRONEC RESTA QUELQUES TEMPS ENCORE LE VISAGE COLLÉ CONTRE LA VITRE... ALGER LA BLANCHE AVAIT CHANGÉ DE COU-LEUR ET LA LUMIÈRE BLAFARDE DE LA LUNE N'Y ÉTAIT POUR RIEN...

JEAN TU NE DORS PAS?? !!!!!!!

JE T'AI APPORTÉ UNE COU-VERTURE...

MERCI

JE... JE M'EXCUSE POUR TOUT CE QUI S'EST PASSÉ HIER...

CE N'EST PAS À TOI MAIS À MOI DE T'EXCUSER MIDINETTE !!!

15A

NE RÉAGIS DONC PAS COM-ME ÇA JEAN.!

EXCUSE-MOI ALORS... JE N'AIME-RAIS PAS QUE TU AIES MAL...

JE NE CROIS PAS QUE TU SOIS UNE PERSONNE POUR LAQUELLE ON AIT MAL NADINE !!!...

MAIS TU M'EMMERDES À LA FIN !!... LAISSE-MOI TRAN-QUILLE ET RE-TOURNE DANS LA POUCHE DE TON COW-BOY... 000

POURQUOI TU ME DIS TOUT ÇA?

PFFF!!...000

TU NE RÉPONDS PAS À MA QUESTION...

J'AI PAS ENVIE DE RÉPONDRE À TES QUES-TIONS... J'AI PAS ENVIE DE RÉFLÉCHIR... TU ME DÉGOUTES ET PUIS J'AI SOMMEIL .!!!

TU ES FROID...

NON MAIS TU M'ÉCHAUFFES !!!

15B

TU T'ATTACHES À LUI MAINTENANT !?

ARRÊTE TES CONNERIES !..

TIENS... AHMED... TU T'ES ENDIMANCHÉ AUJOURD'HUI !!!

MOQUE-TOI DE MOI TOI... JE ME DÉGUISE COMME ÇA PARCE QUE TES COLLÈGUES MILITAIRES NE FOUILLENT PAS LES FEMMES... LES CONTRÔLES SONT TOUJOURS POSSIBLES... VU !.. CE HAÏK C'EST MON TICKET POUR LA LIBERTÉ !..

VU... LES FRANÇAIS SONT PEUT-ÊTRE AVEUGLES MAIS ILS RESTENT GALANTS... !

NADINE POURRAIT TE RACONTER LEURS GALANTERIES SI ELLE VOULAIT MAIS JE PENSE QU'ELLE N'EN A NI LE CŒUR... NI L'ENVIE...

DISPARAISSEZ TOUS LES DEUX !! J'AI FAIT CE QUE J'AI PU... DÉBROUILLEZ-VOUS MAINTENANT !..

AU REVOIR...

...AU... REVOIR....

MEREZETTE 8-3-81

18

LA 203 LES ATTENDAIT PLACE DU GOUVERNEMENT À L'OMBRE DE L'HORLOGE...

الله أكبر
الله أكبر
أشهد أن لا إله إلا الله
أشهد أن لا إله إلا الله

أشهد أن محمد رسول الله
أشهد أن محمد رسول الله
حي على الصلاة
حي على الصلاة

حي على الفلاح
حي على الفلاح
الله أكبر
الله أكبر
لا إله إلا الله

ET TOI... TU NE PRIES JAMAIS ?...

NON... MOI QUAND JE ME METS À GENOUX C'EST DEVANT NADINE...

MARRANT...

CONSTANTINE
ARRIS
BISKRA (Piste)
TIMGAD
KHENCHELA

19

KERBRONEC POUSSA UN SOUPIR D'AISE À L'IDÉE DE SORTIR DE LA VILLE... CE N'ÉTAIT PLUS À ALGER QU'IL ÉTOUFFERAIT MAINTENANT...

LE BLEU PROFOND DU CIEL CONTRASTAIT ADMIRABLEMENT AVEC LA BLANCHEUR LAITEUSE DES FAUBOURGS... LES CAMIONS ÉTAIENT PLEINS DE LAIT... LES BALAYEURS ÉTAIENT PLEINS DE BALAIS...

EH! OH!! C'EST FINI DE RÊVER MAINTENANT ?!... REGARDE CE QU'IL Y A DEVANT !...

MERDE UN BARRAGE ?... DÉJÀ ?...

DÉJÀ OUI !... TU CROYAIS QU'ON AL-LAIT SORTIR COMME ÇA TOI ?

MAIS C'EST TOUT UN RÉGIMENT !...

MOUSSE PAS TROP... C'EST POUR T'IMPRESSIONNER... CEUX-LÀ ILS SONT FRAIS ÉMOULU... ILS VIENNENT JUSTE D'ARRIVER...

OUI MAIS QUAND MÊME !...

J'AI DE QUOI LES METTRE EN RETRAITE ALORS...

RANGE ÇA IMBÉCILE !... TU VAS NOUS FAIRE REPÉRER !...

HALTE

BAH... C'EST FAIT

?

M'SIEUR DAME... VOS PAPIERS S'IL VOUS PLAÎT ET CEUX DU VÉHICULE AUSSI MERCI

LA DESTINÉE... LA DESTINÉE... MERDE T'AS UNE DRÔLE DE FAÇON DE VOIR LES CHOSES TOI... ON FOUT DES BOMBES... ON TUE DES PAUVRES TYPES ET TU ME PARLES DE DESTINÉE...

ARRÊTE TON SERMON JE T'EN PRIE... CE N'EST PLUS DE L'OPÉRETTE MAINTENANT ET PUIS GUEULE SI ÇA TE CHANTE MAIS N'OUBLIE PAS QUE SI ON S'EN SORT AUJOURD'HUI C'EST GRÂCE À ELLE, À CETTE BOMBE...!!

"LA DOUCEUR D'ALGER EST PLUTÔT ITALIENNE" ÉCRIVAIT CAMUS QUI AJOUTAIT JE CROIS: "CES VILLES N'OFFRENT RIEN À LA RÉFLEXION ET TOUT À LA PASSION... ELLES NE SONT FAITES NI POUR LA SAGESSE NI POUR LES NUANCES...

NADINE AVAIT RAISON... TU ES LE ROI DES CITATIONS..!! EN ROUTE KERBRONEC... IL Y A PLUS DE 300 BORNES JUSQU'À DJELFA...

DANS LES GORGES DE LA CHIFFA À QUELQUES 60 KM DE LA VILLE BLANCHE...

MAIS AU FAIT QU'EST-CE QUE TU GLANDES ICI TOI... TU DÉBARQUES À ALGER COMME ÇA AVEC UN VIEUX TAS DE BOUE EN PLEINE MÊLÉE

BIZARRE NON?

OH BIZARRE...!

T'AURAIS PAS DÛ FAIRE PARTIE DU CONTINGENT FRANÇAIS TOI? PARCE QU'À TON ÂGE TU AS ENCORE LE DROIT DE TENIR LA CROSSE DU FUSIL... JE ME TROMPE?...

TE FAIS PAS DE BILE... ILS N'ONT PAS VOULU DE MOI AU SERVICE MILITAIRE... C'EST PAS POUR ME FOUTRE "BIDASSE" EN AFRIQUE QU'ILS CHANGERONT D'AVIS..

T'AS L'AIR DE REGRETTER?!

JE ME SUIS FAIT RÉFORMER C'EST TOUT... C'EST FINI L'INTERROGATOIRE?!!

JE CROIS BIEN MON VIEUX REGARDE!

ALLEZ RACONTE-LUI TOUT... VU LA GUEULE OÙ ILS SE TRIMBALENT ET LES ARMES QU'ILS ASTIQUENT... C'EST LA MÊME COTERIE TOI ET EUX !..

SI C'EST LA MÊME COTERIE ALORS TU ME LAISSES LEUR PARLER !..

OUI BON... SI JE SUIS DE TROP !

QU'EST-CE QU'ILS VEULENT ?

LA VOITURE ...

ET PUIS QUOI ENCORE !!!

CE SONT DES GAMINS... ILS VEULENT JUSTE S'AMUSER AVEC...

TU CROIS PAS QU'ILS ONT PASSÉ L'ÂGE... S'AMUSER AVEC !.. ILS VONT ME BOUSILLER MA TIRE... JE MARCHE PAS MOI !!!

IL SAIT AU MOINS OÙ SE TROUVE LA PÉDALE DE FREIN ?

SOUS LE VOLANT... JE LE LUI AI DIT !!

ALLEZ DONNE-LEUR LE VOLANT... ILS VONT FAIRE QU'UN TOUR... JE TE LE PROMETS.

T'ES SÛR ?!

(23)

KBOOOOMMMM

MA 203.! MA 203.! MAIS QU'EST-CE QUE JE FOUS AVEC UN DÉSÉQUILIBRÉ PAREIL !!!

EH OH.!. T'ARRÊTES DE ME TANNER LES OREILLES AVEC TA VOITURE... JE VAIS ENCORE ME COLLER UNE OTITE QUE ÇA VA PAS TARDER.!.

TU NE VAS PAS PLEURER POUR UN TAS DE BOUE !

SI JE DESCENDS EN AFRIQUE C'EST PAS POUR LE TOURISME LE SOLEIL ME DONNE DES BOUTONS.!

MOI QUI TE CROYAIS POÈTE EN QUÊTE D'INSPIRATION

C'EST CON... MAINTENANT TU VAS ÊTRE OBLIGÉ DE TRAVAILLER

REMARQUE TU PEUX TOUJOURS VOIR UN FERRAILLEUR !

JE VOULAIS LA VENDRE CETTE TIRE ... POUR EN TIRER UN BON PRIX ... ÇA ME LAISSAIT TRAN- QUILLE EN FRANCE ...

ÇA VA !!!

JE DISAIS BIEN À NADINE QUE TU N'AVAIS PAS L'AIR AUSSI "CATHO" QUE TU VOULAIS LE MONTRER ... ET ÇA FAIT LONG- TEMPS QUE TU TRAVAILLES DANS L'IMPORT-EXPORT ?!!

TROIS ANS... JE DÉBARQUE ICI À LA MÊME DATE ... J'ACHÈTE UNE VOITURE POURRIE EN FRANCE QUE JE RETAPE POUR LA REFILER ICI À PRIX FORT ...

T'EN FAIS PAS ! ON VA BIEN TROUVER QUELQU'- UN POUR NOUS DÉPANNER ... ÇA N'A PAS L'AIR MAIS C'EST ROULANT ICI ...

SÛR ...

ET JE PEUX PLUS RETOURNER EN FRANCE MAIN- TENANT J'AI PLUS DE FRIC ... TOUT ÉTAIT DANS LA BAGNOLE ...

C'EST BIEN MA VEINE TIENS ... ON EST OBLIGÉ DE FAIRE LA ROUTE ENSEMBLE ... PUTAIN DE VIE TIENS ...

AH KERBRONEC! TU COMMENCES À M'ÊTRE SYMPATHIQUE...

T'AURAIS PAS PU T'EN RENDRE COMPTE PLUS TÔT

LA RÉGION, COMME LE PRÉCISAIT AHMED, NE MANQUAIT PAS D'ANIMATION EN EFFET CAR APRÈS AVOIR ERRÉ QUELQUES TEMPS SUR UN BITUME RENDU POISSEUX À CAUSE DU SOLEIL

RANGE-TOI
Y'A DU MONDE QUI APPROCHE !!..

QU'EST-CE QUE C'EST QUE ÇA ?!..

UN CONVOI AVEC DES TAS DE CAMIONS QUI TRANSBAHUTENT DES TONNES DE MACHINS PÉTROLIERS AVEC DE BEAUX MILITAIRES AUTOUR POUR PROTÉGER

POUR PROTÉGER ?!...

TU SAIS JEAN,.. Y'A PAS QUE TOI QUI FAIS DANS LE TRAFIC,..

SEULEMENT EUX C'EST STYLE "GRANDES MANŒUVRES DE DERNIÈRE HEURE".. FAUT FAIRE VITE ON NE SAIT JAMAIS..

PAS QUESTION DE LEUR DEMANDER L'HOSPITALITÉ IL Y AURAIT TROP D'EXPLICATIONS À DONNER

ATTENDS REGARDE LÀ UNE TRACTION...

OUAIS T'AS RAISON C'EST NOTRE CHANCE JE T'AVAIS DIT QUE ÇA ROULAIT DUR DANS LE COIN

ALLEZ,.. FAUT L'ARRÊTER EN DOUCEUR,..

EN DOUCEUR J'AI DIT !!!

HEU,.. NOUS SOMMES FRANÇAIS NOUS AVONS ÉTÉ ATTAQUÉS PAR DES TYPES DE L'ALN,..ILS NOUS ONT PIQUÉ NOTRE VOITURE ET NOUS ONT LAISSÉS EN RADE!!!,..

ET VOUS VOULEZ QUE JE VOUS DESCENDE ?

EUH,.. OUI SI ON POUVAIT ALLER JUSQU'À OUARGLA

JE VAIS JUSQU'À GHARDAÏA .. MAIS JE SUIS MÉCANICIEN DANS UN GARAGE LÀ-BAS .. ON RÉPARE DES BAHUTS QUI TRAVAILLENT À OUARGLA ,.. VOUS TROUVEREZ FACILEMENT,.. VOUS PLAIGNEZ PAS,.. EN GÉNÉRAL AVEC LES GARS DE L'ALN ,.. IL NE RESTE PAS GRAND-CHOSE,..

NON ,.. IL RESTE PAS GRAND-CHOSE..

28

* GHARDAÏA, MELIKA, BENI ISGUEN, EL ATTEUF ET BOU NOURA

29

À L'UNIVERSITÉ J'AVAIS UN AMI FÉRU DE LÉGENDES SAHARIENNES... IL M'EN A RACONTÉ UNE TRÈS ÉTRANGE CONCERNANT CETTE CITÉ

AUTREFOIS VIVAIT DANS UNE GROTTE DE LA VALLÉE DU M'ZAB UNE FEMME TRÈS BELLE NOMMÉE DAÏA... UN JOUR... PASSANT PAR LÀ, LE CHEÏK SIDI BOU DJEMA LA VIT ET LUI DEMANDA SI ELLE NE VOULAIT PAS L'ÉPOUSER

"C'EST CHOSE FACILE" DIT-ELLE... ILS S'UNIRENT ET DE LÀ NAQUÎT LA VILLE DE GHARDAÏA... LA GROTTE DE DAÏA

MALHEUREUSEMENT... VOUS NE POURREZ PAS VISITER LA GROTTE... LES MILITAIRES L'ONT MURÉE, ILS DISENT QU'ELLE SERVAIT DE CACHE D'ARMES... PPFF... TOUT SE DÉBINE... PARAÎT QUE MÊME LES CAMÉLÉONS NE CHANGENT PLUS DE COULEUR... ILS SONT TOUS VERT-KAKI !!

SI VOUS CROYEZ QU'ILS SONT HEUREUX D'ÊTRE ICI LES PAUVRES BIDASSES... TOUT LE MONDE LEUR CRACHE DESSUS POURTANT TOUS LES JOURS IL EN TOMBE... ICI C'EST UNE GUERRE QUI N'OSE PAS DIRE SON NOM...

JE VOUS DÉPOSE À L'HÔTEL TRANSATLANTIQUE IL Y A ENCORE DES CHAMBRES

BON... VOICI L'HÔTEL DEMANDEZ MONSIEUR MONETO... SON GARAGE EST JUSTE DERRIÈRE

AU REVOIR

QU'EST-CE QUE TU AS...? C'EST TA VOITURE QUI TE CHAGRINE ?

ON DEMANDE UNE CHAMBRE TOUT DE SUITE ?

NON LES MECS DEDANS... TU AURAIS PU T'ARRANGER AUTREMENT... ILS SONT DU MÊME BORD QUE TOI APRÈS TOUT...

M'ARRANGER À L'AMIABLE SANS DOUTE... TU NE COMPRENDRAS JAMAIS RIEN À MES AFFAIRES TOI... LES MECS DU FLN SE DOUTAIENT QUE J'ALLAIS ESSAYER DE FILER D'ALGER...

MAIS LES TYPES QUI NOUS ONT ATTAQUÉS NE POUVAIENT PAS SAVOIR QUI TU ÉTAIS...

PEUT-ÊTRE QU'ILS LE SAVAIENT APRÈS TOUT... TU SAIS ILS N'ONT PAS BESOIN DE JOURNAUX POUR APPRENDRE LES NOUVELLES

LE TELEPHONE ARABE SANS DOUTE...

HEU... BONJOUR MADAME... EST-CE QU'IL VOUS RESTE UNE CHAMBRE DE LIBRE POUR CE SOIR

UNE CHAMBRE? MAIS VOUS ÊTES DEUX !!

MON AMI VEUT DIRE UNE CHAMBRE AVEC DEUX LITS

AH BON... OUI IL ME RESTE LA "13" VOUS VOULEZ VISITER ?...

INUTILE ON LA PREND... DITES-MOI EST-CE QUE VOUS NE CONNAÎTRIEZ PAS UN CERTAIN MONSIEUR MONETO ?

ALETTI Alger

29

OUI TRÈS BIEN TENEZ IL EST JUSTEMENT AVEC UN AMI DANS LE SALON

VOUS ÊTES MONSIEUR MONETO ?...

OUI...

VOUS... JE RECONNAIS À VOTRE ACCENT QUE VOUS ÊTES FRANÇAIS...

OUI...

ÇA ME FAIT PLAISIR DE PARLER À UN DE LA METROPOLE... JE VOUS PRÉSENTE RENÉ SCOTTI, INGÉNIEUR EN CHEF ADJOINT À LA CIRCONSCRIPTION DES TRAVAUX PUBLICS DE OUARGLA...

ÇA JETTE, NON !

OUI EN EFFET... EXCUSEZ-NOUS DE VOUS DÉRANGER... NOUS AVONS EU QUELQUES ENNUIS SUR LA ROUTE ET UN MECANO QUI REVENAIT D'ALGER, OÙ SA FEMME DOIT ACCOUCHER, NOUS A PRIS JUSQU'ICI C'EST D'AILLEURS LUI QUI NOUS A CONSEILLÉ DE NOUS ADRESSER À VOUS...

IL A BIEN FAIT... SANS DOUTE ÇA DOIT ÊTRE PIERRE... SA FEMME ETAIT ENCEINTE JE LUI AVAIS DEMANDÉ DE BLINDER MA "DS" À CAUSE DES MINES... MAIS EN QUOI PUIS-JE VOUS ÊTRE UTILE MESSIEURS ?...

ET BIEN VOILA... DES TYPES DE L'ALN SANS DOUTE NOUS ONT PIQUÉ NOTRE VOITURE ET COMME ON DOIT ALLER JUSQU'A OUARGLA...

VOUS VOULEZ QUE JE VOUS TRANSPORTE JUSQU'A LA-BAS... C'EST D'ACCORD... J'AI JUSTEMENT 2 CAMIONS QU'ON VIENT DE RÉPARER QUI DOIVENT Y RETOURNER DEMAIN

MERCI...

DITES DONC... APRÈS UNE TELLE VIRÉE VOUS DEVEZ AVOIR SOIF... MACHA.!.. PASTIS POUR TOUT'LE MONDE... ON LE PRENDRA DEHORS VOUS VOULEZ

PAS MOI MONETO... JE DOIS RENTRER... J'AI MA FEMME QUI M'ATTEND

VOUS AVEZ RAISON... LE DEVOIR CONJUGAL AVANT TOUT! PENSEZ A NOTRE PETIT MARCHÉ N'EST-CE PAS SCOTTI

BIEN SÛR

MARCHÉ ?..

OUI... UNE PETITE COMBINE ENTRE NOUS... C'EST UN PERSONNAGE HAUT PLACÉ A OUARGLA... BIEN AU FAIT DE LA POLITIQUE DES OASIS... LA LIAISON OUARGLA-HASSI MESSAOUD EST VOUÉE A UNE BELLE EXPANSION... C'EST LA GRANDE ZORAH QUI L'A DIT...

LA GRANDE ZORAH.!.. QUI EST-CE ?..

DE GAULLE QUOI... C'EST COMME ÇA QU'ON L'APPELLE ICI... IL A FAIT UN TOUR DANS LA RÉGION IL Y A PEU DE TEMPS... A "HASSI" ON A DECOUVERT UN GISEMENT Y'A UN AN...

BIEN SÛR SINON JE NE LE FERAIS PAS... POUR FAIRE SON BEURRE IL FAUT QUAND MÊME LIMITER LE CÔTÉ RÉSISTANCE DE LA CHAUSSÉE... ÇA DURERA LE TEMPS QUE ÇA DURERA... ET PUIS MOI JE SERAI LOIN...

PAS MAL.!.. ET ÇA RAPPORTE ??

ALORS FORCÉMENT LE COIN VA SE DEVELOPPER... SUR CE MOI J'ARRIVE ET AVEC L'AIDE DE SCOTTI J'ARRACHE LE MARCHÉ POUR LA CONSTRUCTION DE LA ROUTE OUARGLA-HASSI MESSAOUD...

MAIS JE DOIS VOUS ENNUYER AVEC MES DISCOURS... MACHA.!.. RAMENE DONC LA BOUTEILLE DE PASTIS ET DE LA FLOTTE POUR LIQUÉFIER TOUT ÇA.!..

MAIS NON VOUS NE NOUS ENNUYEZ PAS.!.. ET ÇA FAIT LONGTEMPS QUE ÇA MARCHE VOTRE PETITE BOUTIQUE?

CLAP CLAP

AFFIRMATIF.!.. SAUF QU'AVANT J'ÉTAIS A CAYENNE... ON M'AVAIT DEMANDÉ DE CONSTRUIRE UNE PISTE D'AVIONS... ALORS J'EXÉCUTE MOI... MAIS POUR EXÉCUTER J'EXÉCUTE... AHAH AH ALORS...

32

LE JOUR DE L'INAUGU-RATION... ILS ONT VOULU FAIRE ATTERRIR UN ZING DE LA DERNIÈRE GUERRE... UNE RELIQUE PRÉCIEUSE QUOI...!

EH BIEN DÈS QU'IL A MIS SES ROUES SUR LE SOL... LE NEZ S'EST PLANTÉ DANS LA PISTE AH AH AH

SNAP!!

LE REVÊTEMENT S'EST AFFAISSÉ AHAHAH! DU SABLE SOUS DU GOUDRON C'EST PAS TROP CHER MAÌS C'EST PAS CONSEILLÉ POUR UN TERRAIN D'AVIATION AH..AH J'AÏ DÛ FILER RAPIDO HO HO!

EH BIEN !..

SI VOUS NE ME CROYEZ PAS... DEMANDEZ À MES 2 NOIRS QUE J'AÏ RAMENÉS DE LÀ-BAS... FAUT PAS PERDRE SES "SERVITUDES"... AHAHA !!

FAUDRA BIEN UN JOUR...

C'EST TOUT VU!.. ET CE NE SONT PAS CES POSEURS DE BOMBE DU FLN QUI ME FERONT PARTIR D'ICI CETTE FOIS... ET D'AILLEURS ILS FERMERONT LEUR GUEULE EN VITESSE.... L'OAS LEUR FERMERA LEUR GUEULE !..

ON EST ICI CHEZ NOUS MERDE !!

AVEC CE QUI SE PASSE AUJOURD'HUI TU FERAIS MIEUX DE TE TAIRE... SI ON T'ENTENDAIT...

OUAÌS... OUAÌS... J'AÏ SANS DOUTE TROP BU... RAMÈNE-NOUS DES FILLES

RELAIS TRANSAT HOTEL

PAS POUR MOI... MERCI...

ALORS DEUX FILLES...

BONJOUR... BONJOUR...

SOPHIE.! SIMONE.! IL Y A DES MESSIEURS QUI VOUS ATTENDENT

ALLEZ FAUT PAS ÊTRE TIMIDES COMME ÇA LES PETITES... SUR MES GENOUX C'EST ENCORE CONFORTABLE AH AH...

BONJOUR MESSIEURS-DAMES ... DIS DONC LA PAROISSIÈRE T'APPUIE PAS TROP SUR LE COIN DE LA RAMBARDE... TU VAS Y FAIRE UNE CORNE

ET LUI... IL RESTE TOUT SEUL ?

SA RELIGION LE LUI INTERDIT...

AH AH AH AH!!!

33

NADINE ! QU'EST-CE QUE TU AS FAIT À TES CHEVEUX ?... T'AS COUCHÉ AVEC UN ALLEMAND ?

TU ES D'UN HUMOUR AHMED ! AHMED !? MAIS JE CROYAIS...

HEU... C'EST UN SURNOM... IL EST NÉ ICI... SON VRAI NOM EST DENIS...

EXCUSE-TOI AUPRÈS DE CES MESSIEURS JEAN MAIS IL FAUT QUE JE TE PARLE PERSONNELLEMENT...

DITES DONC... ON PEUT DIRE QU'IL REJETTE FACILEMENT SA PROFESSION DE FOI VOTRE AMI... VOUS CONNAISSEZ CETTE FILLE ?

OUI... UNE AMIE D'ALGER... JE NE VOIS PAS CE QU'ELLE FAIT ICI D'AILLEURS...

CHÉRI... TU ME SERS À BOIRE ?

VU COMMENT ELLE LE REGARDAIT... J'AURAIS BIEN MA PETITE IDÉE LÀ-DESSUS... EN TOUT CAS C'EST UN CHOUETTE PETIT LOT...

OUI OUI...

ET TES CHEVEUX ?

IL A FALLU QUE JE CHANGE UN PEU DE TÊTE... LE FLN SAVAIT QU'AHMED VIVAIT CHEZ MOI... JE ME SUIS BARRÉE À TEMPS... J'AI PROFITÉ QU'UN CONVOI MILITAIRE PARTAIT POUR GHARDAÏA ET JE SUIS DESCENDUE AVEC EUX... ENFIN... GRÂCE AU BIDASSE QUE TU AS VU À ALGER... AU BAR DE L'AFFLUENCE...

HEUREUSEMENT QUE VOUS ÉTIEZ PARTIS QUELQUES HEURES AVANT

C'EST UN SACRÉ COUP DE BOL AUSSI DE SE RETROUVER...

JE ME DOUTAIS QUE VOUS ÉTIEZ DANS LE COIN... GHARDAÏA EST UN RELAIS ET ON ÉVITE DE ROULER LA NUIT ICI...

MAIS COMMENT LE FLN A-T-IL SU QU'AHMED PIOTAIT CHEZ TOI... IL NE SORTAIT JAMAIS !

TOUT SE SAIT DANS LA CASBAH... COMME LA "PROPRIO" QUI M'A PRÉVENUE QUE J'ALLAIS AVOIR LA VISITE DE CERTAINS MESSIEURS...

35

JE ME SUIS TRAITÉE DE CONNE...

NADINE TU SAIS...

IL SERAIT SI BEAU CE ROMAN SI VOUS N'ILLUSTRIEZ PAS VOS PROPOS DE TERMES AUSSI VULGAIRES, MADAME...

DIANTRE, COMME VOUS Y ALLEZ MONSIEUR...

JE VOUS RECONNAIS BIEN LÀ ET SI VOUS ME LE PERME- J'LEUR FERAIS BOUFFER LE PISSENLIT MOI À CES NOEUD...!!

ET LES PETITS FAFS DE VOTRE GENRE SERONT BIEN OBLIGÉS DE FOUTRE LE CAMP !!!

JE NE VOUS DIS PAS BONSOIR !!!!

ÇA Y EST... IL RECOMMENCE SA CRISE QU'EST-CE QUE JE TE DISAIS !!..

QU'EST-CE QUI S'EST PASSÉ ?

BAH.... JE NE.... COMPRENDS PAS...ON PARLAIT DE POLITIQUE... DE CE QUI SE COMBINE EN CE MOMENT QUOI !!

IL ME SOURIAIT... J'AVAIS L'IMPRESSION QU'IL ÉTAIT D'ACCORD AVEC MOI... ET PUIS TOUT D'UN COUP IL A EXPLOSÉ... COMME ÇA... IL EST UN PEU BIZARRE VOTRE COPAIN...

EXCUSEZ-LE... IL EST TRÈS AGRESSIF QUAND IL COMMENCE À BOIRE... IL EST ENCORE TROP JEUNE... PEUT-ÊTRE...

OUBLIEZ ÇA ALLEZ.... JE VOUS OFFRE QUELQUE CHOSE MONETO ?...

NON... VOUS AVEZ RAISON... C'EST PAS TRÈS IMPORTANT TOUT ÇA... DITES DONC LES FILLES...VOUS VENEZ ? FAUT OUBLIER QU'IL DIT !!!!

JE VOUS LAISSE... MON LIT NOUS ATTEND AH AH AH !!

IL EST TROP BOURRÉ POUR ÊTRE FRUSTRÉ LE VIEUX... DEMAIN... IL NE SE RAPPELLERA PLUS DE RIEN... OÙ EST AHMED ?!!

IL DOIT ÊTRE DANS SA CHAMBRE...

ET NOUS... OÙ ON VA ?

J'AI PAS ENVIE DE PIONCER À CÔTÉ D'AHMED... SI ON ALLAIT SUR LA TERRASSE... IL FAIT BON CETTE NUIT...

AVEC TOUT ÇA... ON N'A PAS MANGÉ... TU AS FAIM ?

NON...

BIENTÔT LES LUMIÈRES DE L'HÔTEL S'ÉTEIGNIRENT UNE À UNE... SEULS LES RIRES DES FILLES DE MONETO TROUBLAIENT GHARDAÏA ENDORMIE... QUANT À JEAN ET NADINE ILS S'INSTALLAIENT LÀ-HAUT SUR LA TERRASSE...

AHMED LUI NE DORMAIT PAS... SILENCIEUSEMENT IL S'ÉTAIT GLISSÉ DEHORS...

DU CALME... JE NE VIENS PAS POUR TOI...

L'ARSENAL DU FLN M'ÉTONNERA TOUJOURS... ENCORE DU BAZAR ANGLAIS !... JE SAIS PAS COMMENT ILS TROUVENT DES TRUCS PAREILS... ET DANS UN PUITS COMME D'HABITUDE...

EN TOUT CAS ... VOILÀ DE QUOI CHATOUILLER LA GRAIS- -SE À MONETO

MAINTE- -NANT ... FAUDRAÎT PAS QUE JE ME FASSE PIQUER .....

VOILÀ ... 4H ..... ÇA SAUTE !

36A

MAÎS AU FÀÎT ! JEAN ET NADINE ... OÙ EST-CE QU'ILS SONT ? MERDE ... J'AVAIS PAS PENSÉ À ÇA ,!!!

AH NON ! ILS SONT SUR LA TERRASSE ... ILS NE RISQUENT RIEN LÀ-HAUT

3H.55 ..... LA NUIT ÉTAIT BELLE ... C'ÉTAIT PLEINE LUNE ... UN VENT LÉGER SOUFFLAIT SUR LA VILLE ... POR- TANT AU LOIN LES DÉSIRS ASSOUPIS .....

JEAN ?

TU DORS ....

36B

ÇA VIENT DU GARAGE À MONETO MON LIEUTENANT. ON FONCE LÀ-BAS. PRÉVENEZ DE-BOALDIEU QU'IL BOUCLE LE QUARTIER.

QUELQUES MINUTES PLUS TARD... LA FUMÉE S'ÉTAIT DISSIPÉE, POUSSÉE PAR LE VENT DU SUD...

FOUILLEZ CES BARAQUES DE FOND EN COMBLE... LES CAVES... LES GRENIERS !... IL ME FAUT LE RESPONSABLE DE CE BORDEL !!!

ALORS QUEL EST LE BILAN ?

TROIS VICTIMES... MONETO LE GARAGISTE ET DEUX FILLES... À PART ÇA L'HÔTEL ÉTAIT VIDE ...LA PATRONNE N'A RIEN...

QUI C'EST CELUI-LÀ ?!!!

SAIS PAS LIEUTENANT... QUAND NOUS SOMMES ARRIVÉS... ON L'A VU DÉTALER COMME S'IL AVAIT LE FEU AU CUL!!

AH! MON LIEUTENANT... IL Y A LÀ QUELQUES FRANÇAIS QUI NOUS ONT PROPOSÉ LEUR AIDE... ILS SONT ARMÉS ET J'AI PENS... ENFIN

BON-DIEU LARGEAU...!! VOUS VOUS CROYEZ AU FAR-WEST

UNE EXPRESSION ON NE PEUT MIEUX CHOISIE...! IL A DES PAPIERS SUR LUI ?!!

TES PAPIERS !

AÏÏÏÏG !!!

FOUILLEZ-LE...

PAS DE PAPIERS MAIS IL NE SE PROMÈNE PAS TOUT NU... REGARDEZ ÇA MON LIEUTENANT !

C'EST LUI...!!

TUEZ-LE CE SALAUD !!!

TUEZ-LE !!

À MORT!

SALAU ORDURE !!!

ASSASSIN ASSASSIN!!

LIEUTENANT... ILS VONT LE LAPIDER SI...

ÉCRASE! ET AIDE-MOI À GRIMPER!

POW!

C'EST PAS UN PEU FINI CE BORDEL!.. QUI C'EST QUI COMMANDE ?!!

ALLEZ EMBARQUEZ-MOI CE GIGOLO... SAIS PAS ENCORE SI C'EST LUI LE FOUTEUR DE BOMBES MAIS FAUDRA BIEN QU'IL S'EXPLIQUE SUR SON ARME... L'A QUAND MÊME PAS L'AIR CATHOLIQUE...

AVEC SA TRONCHE !!!

ARRÊTE TON HUMOUR DE COMIQUE-TROUPIER CONNARD ET TIENS-LE BIEN... TU RISQUERAIS D'EN PRENDRE DANS LES DENTS TOI AUSSI!

BON... ON LE RAMÈNE... Y A QUELQU'UN QUI CONNAÎT CE TYPE?..

MOI J'LE CONNAIS... HIER SOIR IL ÉTAIT AVEC MONETO... MÊME QU'IL S'EST ENGUEULÉ AVEC LUI... JE ME SOUVIENS BIEN, TIENS ILS ONT RENVERSÉ LES CHAISES ET J'EN PASSE... MON PAUVRE HÔTEL !!!

ET OÙ IL A FILÉ APRÈS ?..

IL EST RENTRÉ DANS SA CHAMBRE JE CROIS

DANS SA CHAMBRE! IL S'EST INSTALLÉ DANS VOTRE HÔTEL ?.. ALORS VOUS AVEZ SON NOM ?!..

NON... C'EST UN TYPE QUI ÉTAIT AVEC LUI QUI ME L'A DONNÉ, JE DOIS AVOIR SON NOM DANS LE REGISTRE...

JE VAIS ALLER VOIR ÇA... ET MONETO, APRÈS L'ENGUEULADE, QU'EST-CE-QU'IL A FAIT ??..

VOYONS LIEUTENANT... VOUS CONNAISSIEZ MONETO... ET PUIS VOUS AVEZ DÛ VOIR COMME MOI... Y AVAIT AUSSI MES DEUX GAMINES... ELLES N'ÉTAIENT PAS LÀ POUR LUI APPRENDRE SON CREDO...

LE SALAUD!.. J'VOUS JURE QU'IL PAYERA CHER CE QU'IL A FAIT !!!

39

ON AVAIT AMENÉ AHMED DANS UN PETIT POSTE POUR L'INTERROGER... DES HEURES ET DES HEURES IL ÉTAIT RESTÉ ATTACHÉ LÀ... DEHORS LE VENT BALAYAIT DES PAQUETS DE SABLE...

TU JOUES ENCORE AU SOUS-MARIN OU TU PARLES ?

LES VOCIFÉRATIONS DU GRADÉ COUVRAIENT À PEINE LE CHANT DES MILITAIRES... RYTHMÉ PAR LE DÉHANCHEMENT SACCADÉ DU DRAPEAU TRICOLORE...

SOUS LES PINS DE LA "BA". BRANLE-BAS DE COMBAT ♪

EN RANG PAR TROIS... MARRCHE !...

ALLEZ... REPLONGEZ-LE...

NON NON !!!

ALORS CETTE BOMBE ??

LA "QUATRE" S'EN VA CRÂNE RASÉ ET GUEULE DE BOIS CETTE FOIS C'EST DU VRAI CAR LE CONVOI DÉMARRE SALUT LES FILLES ♪♪ N'AYEZ PAS LE CAFARD

SUR LA PISTE ET LES SENTIERS L'OEIL AUX AGUETS ET LES FELLAGHAS NE POURRONT RÉSISTER ♪ DEVANT L'ASSAUT DE LA "QUATRE" AU PAQUET ♪

C'EST MOI !!! C'EST MOI !!!

J'ÉTAIS SEUL...

ET LE MEC ET LA FILLE... ON LES A INVENTÉS PEUT-ÊTRE... T'AS ENTENDU LA TAULIÈRE... SCOTTI M'A CONFIRMÉ AU TÉLÉPHONE QU'IL Y AVAIT UN EUROPÉEN AVEC TOI...

UN PETIT MALIN TON COPAIN... IL A SIGNÉ "LAUTREC" SUR LE REGISTRE... TU VAS QUAND MÊME PAS PAYER SEUL ALORS QU'EUX T'ONT LAISSÉ TOMBER !!!

J... JE VAIS PARLER

...GAGEZ VOUS

TOC TOC

AH SCOTTI !!... VOUS ARRIVEZ À POINT NOTRE PETIT AMI DÉBALLE SON SAC !!

C'EST À NOUS QU'IL EN VEUT ?? TU PARLES !!

"LIBELLULE À BRAVO" AVONS REPÉRÉ LA "DS" SUR LA ROUTE DE OUARGLA ATTENDONS INSTRUCTIONS...

K-LIIRK...

DÉSOLÉ MON VIEUX... DÉSORMAIS LES INSTRUCTIONS... C'EST MOI QUI LES DONNE... ET MA PREMIÈRE EST DE POSER TON "VENTILO"

?

JE DESCENDS LE PREMIER QUI APPROCHE !!

POW !!

NADINE !! EXPLIQUE À TES AMIS QUE ÇA SERAIT IDIOT...

?

NE TIREZ PAS ! C'EST MARCEL !...

45